AF431757

في الشَّنْدَغَةِ عِشْتُ لَيَالِيَ وَأَيَّاماً

صورة الغلاف :

سلطان بن محمد القاسمي في ذلك الوقت.

# في الشَّنْدَغَةِ عِشْتُ لَيَالِيَ وَأَيَّاماً

الدكتور سُلطان بن محمد القاسمي

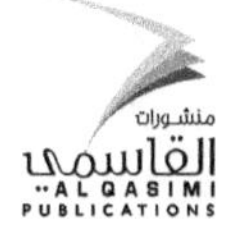

منشورات
القاسمي
AL QASIMI
PUBLICATIONS

العنوان: في الشندغة عشت ليالي وأياماً

المؤلف: الدكتور سلطان بن محمد القاسمي (الإمارات)

الناشر: منشورات القاسمي، الشارقة ، الإمارات العربية المتحدة

سنة الطبع : 1445هـ– 2024م

©حقوق الطبع والنشر محفوظة

الفهرسة الوصفية أثناء النشر: مكتبة الشارقة ، إدارة المكتبات ، هيئة الشارقة للكتاب ،
الشارقة ، الإمارات العربية المتحدة

923,15352

ق س. ت    القاسمي، سلطان بن محمد بن صقر، حاكم الشارقة، 1939م –
في الشندغة، عشت ليالي وأياماً / سلطان بن محمد بن صقر
القاسمي.– الشارقة، الإمارات العربية المتحدة
منشورات القاسمي، 2024م.
32 ص. ؛ 13x19سم.
ردمك : 978-9948-479-44-8
1– القاسمي، سلطان بن محمد بن صقر، حاكم الشارقة، 1939– تاريخ
أ– العنوان

الترقيم الدولي : 978-9948-479-44-8

*

إذن طباعة رقم : MC-03-01-1372281 ، بتاريخ 2024/05/27م
مجلس الإمارات للإعلام ، الإمارات العربية المتحدة

الطباعة : AL Bony Printing Press- Sharjah, UAE

الفئة العمرية : E

*

التوزيع : منشورات القاسمي

ص.ب: 64009 الشارقة، الإمارات العربية المتحدة

هاتف: 0097165090000، براق: 0097165520070،

البريد الإلكتروني: info@aqp.ae

# المقدمة

هذه رواية قصيرة ، تصنَّف تحت عدة أبواب :
أدب الرحلات ، والتسجيل الجغرافي ، وحفظ
التاريخ ، ووصف التراث . أما بالنسبة لي فقد
كانت محفوظة تحت باب الأرحام.

المؤلف

في شهر مارس من عام ١٩٤٨م ، كنت جالساً في المخزن ( مقر الإقامة ) مع والدي ، قبل ظهر ذلك اليوم ، عندما دخلت والدتي علينا ، وقد بان عليها الحـزن ، وهـي تقـول : "محمـد ... أمي حمدة عندي ، تريد تسلم عليك" .

والدي : "خلّيها تدخل" .

دخلت علينا جدتي حمدة بنت علي الرميثي ، ومعها حفيدها غـانم بـن ناصـر المـري وتناديه الشـيبة ، على اسـم جدّه وجدّي غانم بن سالم الشامسي .

جدتي : "السلام عليك يا محمد" .

والـدي : "وعليـك الـسلام ، أهلاً بحمـدة ،
من هذا الولد ؟!"

جدتي : "هذا غانم ولد بنتي عوشـة ، وأنا
جئتك عن موضوع هذا الولد .

السـالفة ومـا فيهـا أن عوشـة مثـل ما تعرف
تزوجها ناصر المري من ديرة ، وجابت هذا الولد ،
ما قدرت تعيش في ديرة . تطلّقت منه وتزوجها
سـيف بـن ثالـث ، وأخذها لبيتـه ، وبقي الولد
عنـدي ، وأنا التـي ربيته ، قبـل ثلاثة أيام جاء
عندي أبوه يريد يأخذ الولد .

أنا رفضت ، والبارحة جاءنا مع رجل مسلّح
في يده تفك ، وقال : هذا من طرف الشـيوخ .
( تفك : كلمة فارسية وتعني بندقية ، والبندقية :

كلمة فارسية معربة عن كلمة فارسية : بندوق ) .

جايب شخص بسلاح !!! يرضيك يا الشيخ محمد ؟ ... امنعهم عني" .

والدي : "ما أقدر" .

جدتي : "أفا ... أول مرة أسمع شيخ يقول ما أقدر !!!"

والدي : يضحك ... "يا حمدة ، دبي لها شيوخها يحكمون فيها ... ونحن في الشارقة ، وأمرنا فقط على الشارقة" .

بكت جدتي ، ودخلت علينا والدتي .

جدتي : "هذا الولد يونسني ، ما عندي حد" .

والدي : "هذه بنتك مريم ، إذا توافق تعطيك سلطان لمدة كم يوم ، وستهدأ الأمور إن شاء الله" .

والدتي : "أنا ما عندي مانع" .

جدتي : "يالله بنسير عنكم ، قوموا يا عيال" .

والدي : "اصبري يا حمدة ، السيارة ستوصلكم إلى دبي" .

قام والدي ودفع بعض المال لجدتي حمدة ، وأعطاني بعضاً من المال ، بينما والدتي تحضّر بقشة فيها ملابسي ، ( بقشة : كلمة تركية بمعنى : صرة ) .

والدي : "سلطان ، اذهب إلى السائق عبد الله بندري ، وأخبره أن يحضر السيارة التي ستأخذكم إلى دبي" .

بعد الغداء ركبنا السيارة ، جدتي وغانم وأنا وانطلقت بنا إلى دبي ، حتى إذا ما وصلنا

مشـارف ديـرة وإذا بي أشـاهد قلعة لها أرجل ،
قال عبد الله بندري ؛ هذه مربعة أم الريول .

وصلنا إلى موقف سيارات الأجرة ، وأخذنا
طريقنا إلى سوق ديرة ، وكان أوله غير مسقوف ،
وبقيتـه مسـقوفاً بسـعف النخيل ، حتـى وصلنا
رصيف العبرة ، وكان مكاناً واسعاً حيث العبرات
كلها على الرصيف .

ركبنـا العبـرة وأخذ العبـار يجدف في خور
دبـي ، متجهـاً إلى الجنـوب الشـرقي ، كان
ذلـك أوسـع مكان في خور دبـي ، فوصلنا إلى
رصيـف ضيـق فـي بـر دبـي ، حيث العبرات
ملتصقة مع بعضها والمكان بعد الرصيف ضيق ،
وبـه البانيـان ( طائفـة مـن الهنـود ) يدخلـون
ويخرجون من السـكة إلى يسار الرصيف ، أما

عن يمين الرصيف فكان سوق بر دبي .

بداية سوق بر دبي ضيقة ومسقوفة بسعف النخيل ، ثم تنفتح فجأة على سوق واسع ومسقوف ، إلى درجة أن أصحاب المحلات التجارية ، كانوا يعرضون بضائعهم أمام محلاتهم على طاولات وضعت عليها أصناف من الفواكه والحلويات .

يصل سوق بر دبي إلى سوق السمك الواقع على خور دبي على الضفة الجنوبية منه ، عندها ينتهي السوق ونمشي في أرض مكشوفة ، إلى يسارنا مبنى مستطيل تخرج منه أصوات متلاحقة : تكتك ... تكتك ... تكتك ... اِلتفتُ إلى جدتي قائلاً : "ما هذا الصوت" ؟!

قالت : "هذه مكينة الطحين ، كل من يريد

يطحن حبه ، يجيبه هنا ويطحنون له " .

إلى يميننا مبنى مربع عالٍ ؛ قلت : وما هذا ؟

قالت جدتي : "هذه مربعة مال الشيوخ" .

وأمامنا بحـر واسـع ، حتـى إذا مـا وصلنـا أطرافه قلت : بحر ... أين العبرة ؟

ضحكت جدتي وضحك معها غانم .

قالت جدتي : انظر إلى تلك المباني في آخر البحـر ، علـى قولـك ، تلـك الشندغة ، نحـن نسكن هناك .

قلت : كيف نعبر هذا البحر ؟!

قالت جدتي : هذه تسمى الغبيبـة ، وإذا ارتفـع البحـر غطاهـا ، وإذا انخفض نشـفت ، شـوف أخوك غانم واعمل مثله .

خضنا ذلك البحر الذي وصل إلى ركبنا حتى وصلنا الشندغة ، وإلى ذلك البيت الكبير .

قلت : جدتي ، هل هذا بيتكم ؟!

قالت : هذا بيت الشيخ مبارك بن علي الشامسي .

مررنا من خلفه إلى سكة ضيقة ، معظم البيوت من سعف النخيل ، وإلى يميننا مبنى بالجص ، وفتحت جدتي باباً في تلك السكة ودخلت ، ودخلنا خلفها إلى بيت به خيمة وعريش ومطبخ ، كلها من السعف .

قلت لجدتي : هذا فقط بيتك ؟!

قالت جدتي : "هذه جنتي ، رائحة جدك ، الله يرحمه ، في هذا المكان" .

ونـادت على غانم قائلة : "خذ سـلطان إلى البحر" .

خرجنا من السكة وإذا بها تفتح على شاطئ ليس له نهاية ، وبحر أزرق متصلٍ بالأفق .

أخذنا نتسابق على ذلك الشاطئ إلى ناحية الجنوب حتى إذا ما وصلنا مسافة قال لي غانم : هذا بيت خالي غانم الرميثي ، هو أخو جدتي حمـدة . ودخلنـا هنـاك ، وأخبرهـم غانم عني فرحبـوا بـي ، وقابلت خالي ... وهو خـال والدتـي ... ويقـال لـه : غانم بن خرباش ، لم أشـاهد صبياناً فـي البيت ، ثم عدنا إلى بيت جدتي حمدة .

بتنا تلك الليلة في خيمة جدتي وعلى سرير جدي غانم بن سالم الشامسـي ، فكان غانم بن

ناصر إلى يمين جدتي وأنا عن يسارها ، فكانت فَرِحَـةً ، تلاعبنـا نحـن الاثـنين حتـى أغمضنـا أعيننا .

في اليوم التالي ، كان هناك طَرْق على باب البيـت ، حتـى إذا مـا فتحنا البـاب وإذا بناصر المري ومعه الرجل المسلّح بالبندقية ، ركضنا إلى جدتي وأخبرناها ، فحضرت وتكلمت مع ناصر المري بلطف ، وطلبت منه أن يحضر غانماً إليها بعـد كل فتـرة ، فوافـق ثم التفت إليهـا قائلاً : ومن هذا الولد ؟

قالـت جدتـي : "هـذا سلطان ، ولـد بنتـي مريم بنت غانم" .

قال ناصر المري : "أعطينا إياه بيونس غانم" .

التفتَـتْ جدتـي يمينـاً ويسـاراً تبحـث عـن

شـيء تضـرب بـه ناصـر المـري ، وناصر المري يضحـك ، واختفـى مع ابنه ، ويتبعهما الرجل المسـلّح ببندقيته ، أما جدتي ، فقد احتضنتني وهي تبكي .

في مسـاء ذلك اليـوم ، قلت لجدتي بأني سـأخرج إلـى طـرف السكة ، حيـث كنـت قد لاحظـت أولاداً يلعبـون في السـاحة الخالية من البيوت عندما وصلنا إلى الشندغة . سمحت لي جدتي على أن لا أتأخر .

عندمـا وصلـت عند تجمع الأولاد ، اتجهت مجموعة منهم إلى ناحية الجنوب آخذة طريقها بين بيوت السعف ، أما المجموعة الثانية ، فقد اتجهـت إلى الغبيبـة والتي وصل الماء بها إلى أعلـى مسـتوى ، فسـلك الأولاد ، وأنـا معهم ،

ممراً بمحاذاة جدار بيت الشيخ مبارك الشامسي ،
حيـث قد بُنـي جدار بارتفاع  ذراع ، وقد دكّت
الأرض بينهما لحماية المنزل من مياه الغبيبة .

قطعنـا ذلك الممـر من الجنـوب واتجهنا إلى
الشـرق ، ومـن بعـده إلى  الشـمال ، لنصل إلى
أرضٍ بارتفـاع الجـدار الحامـي من ميـاه الغبيبة
الـذي يحمـي تلك الأرض ، حيـث كانت هناك
مجموعـة مـن الرجال ، يجلسون علـى كراسـي
مستطيلة في ظل بيت الشيخ مبارك الشامسي ،
وإذا بأحدهـم يقـول : ذاك ولـد غريـب بينهم ،
نادِ عليه .

تركـت الأولاد ، واتجهـت ناحيـة جمـع
الرجـال ، ووقفت أمام رجل ، قد كان يناديني :
"تعال ... إنت ولد من ؟"

أجبت : أنا ولد محمد بن صقر .

قـال : "قصـدك الشـيخ محمـد بـن صقر من الشـارقة ، وأمـك مريـم بنت الشيخ غـانم ؟" ، قلت : نعم .

قال : "أنت تعرف أحداً في هؤلاء الأولاد ؟"

قلت : لا . قال : "هؤلاء مروحين بيوتهم ، ناحية بيوت الشيوخ ، اجلس عندنا ، ... أنت عند جدتك حمدة ؟"

قلـت : نعـم . قـال : "كل يـوم العصر تعال عندي هنا" .

استأذنت ورجعت إلى بيت جدتي .

في تلـك الليلة ، رقدت إلـى جانب جدتي على سـرير واسـع ، وأخـذت تـروي لـي حياة

جدّي غانم ، وهي تقول : كان يضع رأسه على هذه المخدة ، وله لحية بيضاء طويلة .

أخذت جدتي تروي لي أموراً خارقة ، كانت تروى عن جدّي .

قلت : "ليش هو ساحر ؟!"

بان على جدتي الغضب فوبختني بالكلام .

قلت : "جدتي ... أنا لا أحد يقول لي مثل هذا الكلام !!"

جدتي : "أنت غير عن الأولاد ؟!"

نمت تلك الليلة بعد أن لاطفتني بالكلام .

في صباح اليوم التالي ، أخذتني جدتي إلى الشيخ عبيد بن جمعة المكتوم ، والذي بنى عريشاً من سعف النخيل قريباً من الشاطئ ،

حيث كان يدرب صقور القنص .

في مساء ذلك اليوم ذهبت إلى جلسة الشيخ مبارك الشامسي ، أمام منزله ، ناحية المجالس كما روت لي جدتي . رحّب بي وأجلسني بقربه ، وعاد يتحدث وهو يقول : لعنة الله عليهم ، قبل ثمانٍ وثلاثين سنة (١٩١٠م) ، هاجم الإنجليز دبي ، وأنزلوا فيها جنوداً ، ليلاً ، بقصد احتلالها ، لكن الأهالي قاوموا مقاومة عنيفة ، ولم ترهبهم البوارج التي اصطفت أمام البلاد وهي تطلق القذائف ، ليلاً ونهاراً ، الفينة بعد الفينة .

سأل سائل : ماذا حدث بعد ذلك ؟

قال الشيخ مبارك بن علي الشامسي : جاء الإنجليز وهم يقولون نعمل صلحاً ، بعد أن قتلوا

الناس الذين يدافعون عـن بلدهم ، وعلاوة على
ذلك ، أجبروا الأهالي على دفع مبالغ مالية
وعدد من البنادق .

الشيخ مبارك الشامسي : "قم سلطان ...
ارجع إلى بيتكم ، اليوم ريح شمال شديدة" .

والتفت إلى بعض من الذين يخدمون لديه ،
أن يوصلوني إلى بيت جدتي .

أعجبني ذاك الحديث من الشيخ مبارك
الشامسي ، وأخذت أردد على جدتي ذلك
الحديث .

في تلك الليلة ، كان صوت الأمواج يرتفع ،
ويخفت ، وإذا بنا نسمع أصوات مناداة من
ناحية السكة التي أمام بيت جدتي . قالت

جدتي : "سلطان ، سِر عند الباب ، شوف مَن هناك" .

فتحت باب الحوش ، وإذا بامرأتين تندفعان إلى داخل البيت ، وتـرددان : أين أمك ؟ ... أين أمك ؟

قلت وأنا أتبعهما : هناك في الخيمة .

المرأتان دخلتا الخيمة وهما تـرددان : "ضايعين ، من هنا بحر ... ومن هنا بحر" .

قالت إحداهما : "صـارت لنـا مـدة ونحـن ننادي على البيت المقابل بيتكم ، ولا أحد يرد" .

قالت جدتي : "هذا بيت مريم ما تسمع" .

ثم قالت : "سلطان ... باب الحوش مقفول ؟"

قلت : لا .

قالت : "سِر وأقفل الباب" .

وبينما أنا ذاهب لإغلاق الباب ، كنت أفكر :
هـل جارتنـا مريـم صمـاء ؟ ، أو أنهـا لا تريد أن
تفتح باب بيتها .

رجعت إلى الـخيمة ، وتمددت على السـرير
بالقرب من جدتي ، والمرأتان متمددتان في وسط
الخيمة ، ولا يسمع إلّا صوت الأمواج .

امرأة منهما : "ويه ... بلتِ ؟"

المرأة الثانية : "والله ما بلت !!!"

المرأة الأولى : "حسبي الله عليك ... فاتحة
قربة ؟! فضحتينا" .

أخذت أكركر ، واضعاً يدي على فمي .

جدتي : "إيه ... يالخديّ ... هذا البحر داخل

علينا" . ( الخديّ : خدّج ، ناقصات عقل ) .

موجة البحر الثانية ، تبلل أرضية الخيمة .

المرأة الأولى لزميلتها : "قومي ... الدنيا كلها بحر" .

المرأة الثانية : "ننام معهما فوق السرير" .

جدتي : "حاشا ... حاشا . ما هناك مكان فوق السرير" .

جدتي تفتح باب الخيمة وهي تقول : "قومن وسيرن إلى العريش ونامن فيه" .

خرجت المرأتان من الخيمة وتوجهتا إلى العريش .

جدتي تقفل باب الخيمة ، وهي تقول : "فكاك" .

أقـول لجدتـي : أنـت التـي أمرتينـي بفتـح الباب .

جدتي : "كنت أفتكر غانم هارب من أبيه ، شـفت بـركات جـدك عليـنا ، جـاءت الموجة وطردتهـن مـن الخيمـة ، مـا نعـرف مـا الـذي بيعملنـه ... نام ... نام" .

في صباح اليوم التالي ، صحوت على جدتي تحضر لي الفطور فقلت لها : أين الحريم ؟

جدتي : "خرجتا في الليل" .

فـي ضحـى ذلـك اليـوم خرجـت مـن بيـت جدتي إلى شاطئ البحر ، حيث عريش الشـيخ عبيد بن جمعة المكتوم ، وكان محاطاً بمجموعة مـن أهالـي دبي ، يتحدثون في أمور البلد ، لم أعر ذلك اهتماماً ، حيث كنت ملتهياً بالشواهين .

أما مساء ذلك اليوم فقد توجهت إلى جلسة الشيخ مبارك الشامسي ، وجلست بالقرب منه ، وإذا بشخص ، يسأل عن أيام اللؤلؤ ، والشيخ مبارك يشرح الحالة التي أصابت تجار اللؤلؤ ، قائلاً : أسباب كثيرة :

١- ظهور اللؤلؤ الصناعي الياباني .

٢- الحرب العالمية .

٣- شركات البترول في الخليج ، حيث معظم الناس يعملون في شركات النفط .

الشيخ مبارك الشامسي : قبل تسع عشرة سنة ، يومها وفي دبي لوحدها ، ستون محملاً (سفينة) لم تنزل إلى البحر ، وتأثر التجار الكبار مثل محمد بن أحمد بن دلموك ، وهو الذي أدخل أول سيارة إلى دبي في تلك الفترة

العصيبة ، حيث أهداها للشيخ سعيد بن مكتوم .

رجعت إلى بيت جدتي ، فوجدت جدتي حزينة والدموع تنهمر من عينيها .

قلت : "جدتي ، لا تبكين ، أنا عندك" .

قالت جدتي : "أراك تغيب عني ، وأنا أخاف عليك" .

بتنا تلك الليلة والحديث كله عن جدي .

في صباح اليوم التالي ، ذهبت إلى شاطئ البحر ، فلم أجد الشيخ عبيد بن جمعة المكتوم ولا جماعته ، والعريش خالٍ من الأثاث ، قلت في نفسي : لا بد أنهم ذهبوا للقنص .

أجول بنظري وأنا جالسٌ على الشاطئ ، إلى يساري ، فلا أجد إلّا ذلك الشاطئ ، الخالي

من البشـر ، إلّا من سـرطانات البحر البيضاء ، يقـال لهـا : شـناييب ، وهي تتسـابق فـي بناء أبراجها .

أما عن يميني فقد شـاهدت سفينة بشراعها الأبيض ، وهي تسحب وراءها "ماشوة" ( وهي كلمـة سـواحلية وتعني الـزورق الصغير ، الذي يوصـل الـركاب إلـى البـر ) ، وإذا بالسـفينة تختفي خلـف الشـاطئ ، فعرفت أنها دخلت خـور دبي .

في مسـاء ذلك اليوم ، توجهت إلى جلسـة الشـيخ مبارك الشامسي ، وإذا بالكراسي خالية من البشر وباب المجالس مغلق . قلت في نفسي : لا بد أنه قد سافر .

أجول بنظري إلى مياه الغبيبة ، وإذا بها قد

وصلت إلى بيوت الشندغة المتتالية في دوحة حتى تصل إلى المربعة ، فيتبيّن خـور دبي ، لكـن مبانـي بر دبي تغلق عليـه ، فأعود بنظري إلى مياه الغبيبة ، وإذا بي أشاهد شخصاً برفقته صبيٌّ ، يتجهان نحوي . أحدق أكثر ، فأصرخ : "غـانم ... غـانم" ، وأنـا أخـوض ميـاه الغبيبة بثيابي ، وتعانقنا .

في طريقنا إلى بيت جدتي قلت لناصر المري : شكراً ، أرجعت غانماً لنا .

ومع جدتي وهي تحتضن غانماً ، فلا تسمع مـا يقولـه ناصر المـري ، حيث يقـول : "تعبني هذا الولد ، أبحث عنه في كل مكان" .

انتبهـت جدتي عندما قـال ناصـر المري : "الولد يبقى عندك يا حمدة أحسـن ، وأنا الذي سأزوره" .

دخلنا نحن الثلاثة إلى الخيمة ، وناصر المري ذهب في حال سبيله . بتنا تلك الليلة ، غانم عن يمين جدتي وأنا عن يسارها وهي فَرِحَةٌ وتقول : "غداً نذهب إلى الشارقة ونسلم سلطان لأهله" .